l'UMIAK
un spectacle-animation
est le cent soixante-septième ouvrage
publié chez
VLB ÉDITEUR.

Le village de Salluit. Photo: Paul-Émile Rioux.

Le Théâtre de la marmaille est co-dirigé depuis 1973
par Daniel Meilleur, France Mercille
et Monique Rioux.
Il est situé au 42, Avenue des Pins Ouest, Montréal,
Québec (H2W 1R1). Au téléphone: (513) 849.5469.

François Camirand, Yves Lauvaux,
Michel O. Noël, Monique Rioux

l'Umiak

(le bateau collectif)

théâtre

vlb éditeur

VLB ÉDITEUR
918, rue Sherbrooke Est
Montréal, Qc
H2L 1L2
Tél. 524.2019

Maquette de la couverture:
Mario Leclerc

Montage et graphisme:
Luc Mondou

Photocomposition:
Atelier LHR

Distribution en librairie et dans les tabagies:
AGENCE DE DISTRIBUTION POPULAIRE
955, rue Amherst
Montréal, Qc
H2L 3K4
Tél. à Montréal: 523.1182
        de l'extérieur: 1.800.361.4806

Avant-propos

L'arrivée à Salluit.

Le Théâtre de la Marmaille
à la découverte du peuple Inuit

En janvier 1982, une équipe du Théâtre de la Marmaille, composée de François Camirand, Emmanuel Charpentier, France Mercille, Daniel Meilleur et moi-même, partait pour une première expédition dans le Grand Nord québécois. André Moreau, de la Commission scolaire Kativik, nous accompagnait. Ce vaste espace nordique qu'enfants on nous disait être celui des Esquimaux et que même les enfants d'aujourd'hui croient être le pays du Père Noël, est habité par un peuple qui préfère être appelé «Inuit» (c'est-à-dire «homme», au sens large). Les Inuit occupent le territoire québécois situé au-dessus de la «ligne des arbres», de Kuujjuarapik (Poste-à-la-Baleine) à Kuujjuak (Fort-Chimo). Là-haut, en effet, on ne trouve plus d'arbres, et il n'y a que d'immenses étendues blanches où vivent les autochtones, répartis dans quatorze villages, dans une région que nous nommons le Nouveau-Québec. C'est Michel O. Noël, ethnologue, coordonnateur du dossier amérindien et Inuit au ministère des Affaires culturelles, qui le premier eut l'idée d'organiser une tournée de théâtre de jeunesse au Nouveau-Québec et il nous a soumis son projet.

C'est donc avec *On n'est pas des enfants d'école* de Gilles Gauthier que le Théâtre de la Marmaille a eu l'honneur d'être invité conjointement par le ministère des Affaires culturelles du Québec et la commission scolaire Kativik, dont le porte-parole était Hélène Beauchemin, à faire une tournée dans onze villages du Nouveau-Québec. Quelle aventure! Ce voyage au pays des aurores boréales s'est fait en bi-moteur; nous étions toujours accueillis à notre arrivée par des Inuit qui, à certains endroits, éclairaient la piste d'atterrissage avec les phares de leurs motoneiges, piste d'atterrissage qui était bien souvent sur le littoral gelé de la Baie d'Hudson ou de la Baie d'Ungava. «Le vol est relativement doux, nous vérifions parfois par les hublots si l'avion n'a pas perdu un moteur. À l'atterrissage, nous nous croyons sur une autre planète.» — Extrait du *Journal de bord*, rédigé par François Camirand.

L'équipe de *On n'est pas des enfants d'école* dans le Twin Otter.

Certains villages sont situés entre deux collines et la piste très étroite oblige le pilote à la plus grande prudence. On vous rassure en vous affirmant que ces avions peuvent atterrir sur des «trente sous»...

Avec un premier contact fait de sourires, pendant lequel nos hôtes nous saluent en ajoutant *aï* à nos prénoms, nous apprenons alors que nous devons répondre *aa* et nous chargeons bientôt nos bagages dans les «kamutiks» pour ensuite nous diriger vers le village. Sur la motoneige ou dans le kamutik, on a intérêt à bien se cramponner: quelques-uns d'entre nous se sont retrouvés quelques fois sur le derrière et ont dû continuer leur route

François Camirand attendant le kamutik.

De haut en bas:
France Mercille après le spectacle;
la marionnette Cassette et Monique
Rioux (animation);
France Mercille, Daniel Meilleur et
Emmanuel Charpentier entourés d'en-
fants.

en marchant!

La plupart du temps, nous jouions le soir pour l'ensemble du village. C'était par leur radio communautaire que les habitants étaient informés de l'heure et du lieu du spectacle. Le plus souvent nous présentions le spectacle dans le seul lieu communautaire du village. Le public était constitué tant par les vieux que par les enfants blottis dans le capuchon de l'hamaouti de leur maman. Le spectacle était précédé d'un résumé de l'action en Inuktitut, ce qui facilitait bien sûr à nos hôtes la compréhension du spectacle. C'était merveilleux de voir leurs mimiques et d'entendre les réactions de ces spectateurs qui, pour la plupart, vivaient leur première expérience de théâtre, au sens où nous l'entendons. «Le spectacle réjouit tout le monde; ça nous fait du bien. Les comédiens commencent à développer un style de jeu différent. Tout est immensément blanc.» — Extrait du *Journal de bord*.

Chaque représentation était suivie, le lendemain, par un atelier pratique d'animation en expression dramatique que je donnais et qui s'adressait aux enseignants désirant utiliser éventuellement les jeux dramatiques comme outil pédagogique. Les professeurs autochtones, plus particulièrement les professeurs de «culture» (il s'agit d'hommes et de femmes âgés, chargés par le conseil du village de perpétuer la culture Inuit auprès des enfants) manifestaient une grande aisance et ils éprouvaient beaucoup de plaisir à travers l'expression ludique. Cette constatation fera jaillir en nous le désir de pousser plus loin une expérience d'animation théâtrale auprès de la population Inuit l'année suivante.

Ce séjour chez les Inuit du Nouveau-Québec nous remplit en effet du désir de raconter aux gens du Québec notre perception de ce peuple millénaire.

Projet de créer un spectacle-animation

Mark et Johannessi dans le jeu de la sculpture.

À l'automne 1981, les co-directeurs du Théâtre de la Marmaille projettent un spectacle-animation qui s'adresserait à un public restreint et dont je serais responsable. L'objectif était, tout en s'appuyant sur les acquis de plusieurs années de pratique d'animation auprès de groupes d'une centaine d'enfants, de tenter une expérience d'animation théâtrale qui regrouperait un animateur, un comédien et un technicien évoluant dans un environnement scénique global où seraient utilisés une bande sonore, des éclairages et des projections de diapositives. Le défi était alors d'impliquer directement le public dans l'action dramatique, en tentant d'éviter toutefois le chaos.

À cette époque, cette formule de spectacle-animation n'avait pas encore de thème précis. En février 1982, au retour de la tournée chez les Inuit, l'enthousiasme né de ces premiers contacts et le désir de pousser plus loin notre connaissance de ce peuple nous engageaient à choisir une thématique en conséquence.

LES ÉTAPES DE CRÉATION DE L'UMIAK

L'ÉQUIPE DE TRAVAIL

Au printemps de 1982, l'équipe qui travaillerait avec moi à cette recherche fut constituée. François Camirand a alors été choisi comme comédien et Yves Lauvaux comme technicien-animateur. C'était la première fois que la Marmaille s'adjoignait les services d'un technicien professionnel, fonction ici indispensable vu l'utilisation prévue d'une bande sonore, d'éclairages et de projections de diapositives.

Nous avons alors consulté l'ethnologue Michel O. Noël qui nous a aidés à rassembler la documentation nécessaire au spectacle et qui nous a guidés tout au long de nos recherches. Michel Robidoux, musicien-compositeur de la plupart de nos créations depuis 1976, créerait la bande sonore; Paul-Émile Rioux, photographe, serait responsable des ambiances visuelles et Daniel Castonguay signerait la scénographie et les costumes. Quant à moi, j'étais chargée de la mise sur pied des étapes de création du scénario et, plus tard, de la mise en scène du spectacle et de l'animation du public participant.

LA MÉTHODE DE TRAVAIL

Après avoir rassemblé la documentation nécessaire, Yves Lauvaux et moi avons fait une première sélection de légendes Inuit, de textes sur leur mythologie et des récits d'aventures vécues par des Inuit. Je proposai alors une grille d'analyse des légendes à travers laquelle Yves Lauvaux, François Camirand et moi devions décoder les personnages, les sentiments, les sensations, les lieux, les moments, les objets et les traits mythiques de chaque légende. À chaque grille d'analyse était joint le résumé de la légende étudiée.

Ces grilles d'analyse ont été présentées à Daniel Castonguay, Michel Robidoux et Paul-Émile Rioux, tous de l'équipe de production du spectacle. Ensemble nous avons annoté chaque grille afin de pointer les légendes les plus intéressantes théâtralement. En tenant compte de cette deuxième sélection, j'ai choisi les thèmes les plus pertinents en gardant en tête qu'ils serviraient à la création d'un spectacle dans lequel le public (enfants et adultes) serait impliqué. À partir de ces choix, nous avons commencé à rédiger un scénario dont une partie a été réalisée avec la collaboration de Michel O. Noël.

LES PRINCIPAUX OBJECTIFS DU SCÉNARIO

L'ensemble de nos préoccupations dramaturgiques et théâtrales put être énuméré. Nous souhaitions donc:

— Créer des impressions sonores et visuelles

afin de faire sentir au public l'atmosphère du Grand Nord;

— Souligner le fait culturel du nomadisme Inuit et relier celui-ci à la nécessité de la survie collective;

— Montrer que l'Inuk chasse pour tout le clan et faire ressentir au public la notion de partage;

— Insister sur l'adaptation de l'Inuk à son milieu (lutte avec les éléments de la nature, rituel d'approche de l'animal chassé, ruse, habileté, patience, etc.);

— Valoriser le respect de l'Inuk face à la nature à travers la légende de l'aigle et du chasseur;

— Faire intervenir un chaman et montrer ainsi que les Inuit ont recours au spirituel dans des situations critiques;

— Suggérer l'importance des rêves chez les Inuit, et leur valeur parfois prémonitoire;

— Inclure un aspect de la mythologie qui veut que les animaux et les êtres humains se confondent — c'est pourquoi on retrouve des aigles à têtes d'homme et de femme dans la légende de l'aigle et du chasseur retenue pour notre spectacle;

— Aborder le thème de la mort par la métamorphose de l'être humain en animal;

— Se servir de la tradition du conteur en utilisant la redondance dans l'écriture du texte;

— Utiliser les chants de gorge (Katadzat) pratiqués habituellement par des femmes — ces chants dérivent de l'imitation du cri des outardes;

— Intégrer la présence symbolique des auro-

res boréales dans la vie des Inuit ainsi que leur signification;

— Mettre l'accent sur le sens collectif de ce peuple qui, plutôt que de sacrifier les vieux et les enfants comme le permet la coutume, ont eu l'idée de construire un umiak pour sauver tout le clan, comme le propose un récit vécu au début du siècle.

Une fois le scénario complété, l'écriture du texte a été confiée à l'auteur et ethnologue Michel O. Noël.

Michel O. Noël, co-auteur et ethnologue.

L'ANIMATION À L'INTÉRIEUR DU SPECTACLE

Le Théâtre de la Marmaille a toujours été méfiant à l'égard de la soi-disant «participation» du public à l'intérieur d'un spectacle. Cette participation, quand elle se réduit à poser des questions au public dans le but d'obtenir des réponses univoques, peut conduire facilement à une manipulation démagogique, particulièrement lorsque les spectateurs sont des enfants.

Le défi avec *l'Umiak* était d'arriver à impliquer le plus possible le spectateur en lui offrant de remplir tantôt un rôle direct (lors du partage du poisson par exemple), tantôt un rôle d'auditeur de la légende (en l'associant à l'assemblée du clan). Le public est donc invité à un continuel va-et-vient entre le jeu et l'écoute. Pour l'intégrer davantage dans le jeu et l'écoute, on donne préalablement à chaque spectateur le rôle d'un enfant, d'un parent ou d'un grand-parent, tous faisant partie d'un village Inuit aux prises avec le problème de sa survie. Le public est amené à vivre cette expérience à travers une série de stimulations sensorielles prévues dans la représentation.

MISE EN SCÈNE DU SPECTACLE

Ce type d'événement demandait une mise en scène qui investisse le plus possible la totalité du lieu théâtral. En plus des déplacements des différents protagonistes de l'action dramatique, il fallait prévoir les jeux de participation. Pour des raisons d'efficacité — parce que la manipulation de la technique (son, éclairage, projections) relevait d'une seule personne, elle-même appelée à jouer —, la majorité des scènes jouées par les comédiens se passent sur ou devant la banquise, placée sur un côté du lieu scénique. L'utilisation de la quadraphonie, l'arrivée de certains personnages derrière le public ont été prévues afin que le public se sente englobé.

Les silences, une certaine lenteur dans les mouvements, le tambour accompagnant le rituel du partage du poisson et de l'aiglon, sont des signes dénotant le rythme de vie des Inuit. Il a été encourageant pour toute l'équipe de constater, lors d'expérimentations, que les enfants se laissaient prendre par un tel rythme, inhabituel au théâtre. Cependant, il ne nous fallait pas abuser de cette lenteur, ce qui aurait pu risquer d'engourdir le public, voire de l'ennuyer. C'est pourquoi le spectacle est aussi bien intimiste (par exemple, dans le tableau du chaman avec la marionnette Luckasi), que festif (ce sont des cris de surprise et de plaisir qui ponctuent le grand jeu de la couverture du rêve).

LA SCÉNOGRAPHIE

Le décor, les costumes, les accessoires et les images du spectacle ont été inspirés par l'immensité des paysages nordiques, par les costumes et les objets utilisés par les Inuit, ainsi que par les représentations des animaux, notamment les oiseaux, dans l'art Inuit. C'est, bien sûr, avec leur «œil d'artiste du Sud» que Daniel Castonguay et Paul-Émile Rioux ont livré leur impression du «Nord». La stylisation expressive était pour nous indispensable (la clôture à neige en est un exemple), afin d'éviter que le spectacle n'ait une connotation folklorisante.

Un soin particulier a été apporté aux éléments qui devaient être mis en contact direct avec le public, afin de permettre une expérience sensorielle intéressante (le partage de l'aiglon). Des expérimentations ont d'ailleurs été faites afin d'observer les comportements des enfants à la manipulation de certains éléments. C'est ainsi que nous en sommes arrivés à la conclusion qu'il fallait un poisson séché, légèrement fumé et recouvert d'une corde pour amoindrir le dédain manifesté de façon très violente par certains enfants.

LA MUSIQUE

Comme le scénographe à l'égard de l'environnement des Inuit, il ne s'agissait pas pour le

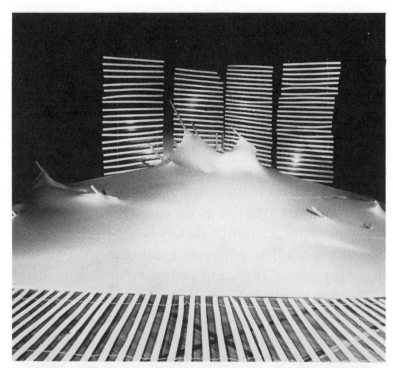

Yves Lauvaux montant le décor de *l'U-miak*.

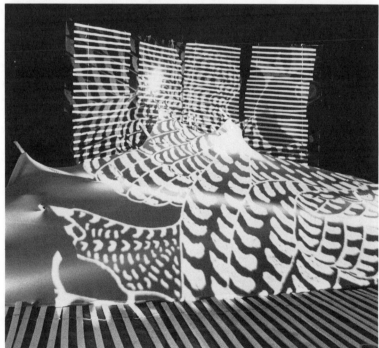

Scénographie de Daniel Castonguay.
Effets visuels de Paul-Émile Rioux.

musicien Michel Robidoux de reproduire mais plutôt d'interpréter et de transposer de façon moderne les atmosphères, les sons de l'espace nordique et les chants gutturaux traditionnels. La présence de la quadraphonie a permis au compositeur de créer les effets de mouvements et de va-et-vient de personnages invisibles tels que le Vent, les Outardes, les Loups, etc.

Des essais avec des groupes d'enfants ont permis de prévoir les temps de déplacement des spectacteurs d'un lieu à un autre du dispositif scénique afin que le musicien puisse créer sa musique en tenant compte de cette contrainte sans perdre de vue l'atmosphère qu'il convenait de créer pour engendrer telle ou telle impression chez le public.

À certains moments du spectacle, la conjugaison de l'expression musicale et des images (diapositives) sont d'ailleurs suffisamment signifiantes pour qu'on puisse réduire le texte à son stict minimum, par exemple lors du voyage de l'umiak à travers les aurores boréales.

Michel Robidoux, musicien.

ATELIERS DE THÉÂTRE
AUPRÈS DE LA POPULATION INUIT

Désireuse de pousser plus loin sa connaissance des Inuit, la troupe a soumis un projet de stage intensif en théâtre pour les autochtones à Jim Des Lauriers, de la Commission scolaire Kativik (secteur de l'éducation aux adultes), et à Michel O. Noël, du ministère des Affaires culturelles. Après de nombreuses rencontres, le projet fut accepté. L'ensemble des ateliers que j'avais la responsabilité de coordonner devait toucher les différents aspects du processus de production théâtrale tels que l'écriture dramatique (par la dramatisation d'un conte et l'improvisation), le jeu de l'acteur, la scénographie, l'éclairage ainsi que la musique et la sonorisation. En janvier et février 1983, à Salluit, une équipe de six animateurs, composée de François Camirand, Daniel Castonguay, Yves Lauvaux, Paul-Émile Rioux, Michel Robidoux et de moi-même, a travaillé, certains dix jours et d'autres cinq semaines, avec quatorze Inuit âgés de vingt-trois à cinquante ans. Le village de Salluit fut choisir parce qu'il possède un studio de télévision communautaire et que le stage pouvait profiter aux habitants du village intéressés à créer leurs propres émissions. Dans le cadre de nos ateliers, les stagiaires ont eu l'occa-

Daniel Castonguay donnant un atelier
de scénographie.

Yves Lauvaux, Monique Rioux et Johannessi leur servant d'interprète, lors
d'un atelier.

Photo: Monique Rioux.

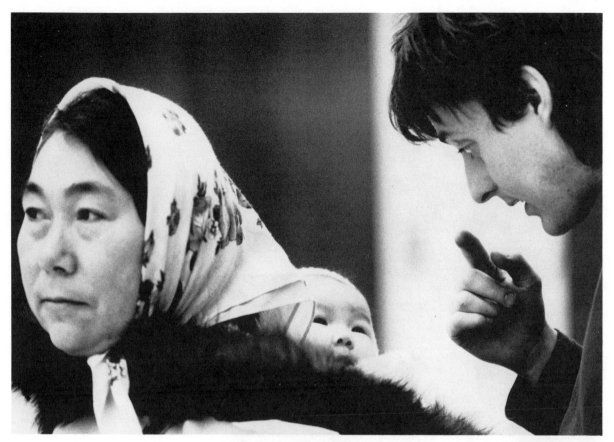

Nunivak, son bébé et François Camirand.

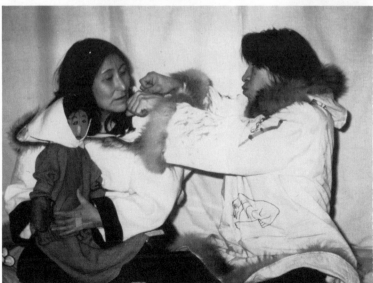

Ouiviro et Johannessi jouant leur ver-
sion de la légende de l'aigle et du chasseur.

Ouiviro et Eva en improvisation réaliste.

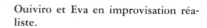

Timiak et Johannessi en improvisation ombres chinoises.

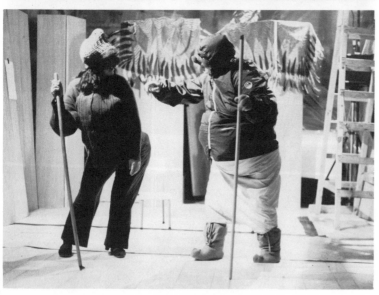

Ouiviro et Eva en improvisation clownesque.
Photos: Paul-Émile Rioux.

sion d'assister à la présentation de *l'Umiak* qui en était à ce moment-là à ses premières sorties. Cette représentation fut donnée après un atelier d'écriture sur le thème de la légende de l'aigle et du chasseur; l'objectif était de démontrer qu'ils pouvaient inventer une histoire complètement différente de la nôtre, tout en partant de la même légende. Les réactions et les commentaires que nous avons reçus alors nous ont bien fait sentir combien ils étaient touchés du fait que des gens du «Sud» s'intéressent à leur culture. De plus, ils ont apporté d'intéressants commentaires sur notre jeu et ont guidé François Camirand dans l'apprentissage du texte de Luckasi en Inuktitut.

Le stage s'est avéré être une expérience passionnante autant pour les stagiaires que pour l'équipe d'animateurs. La session s'est terminée par la tenue de six rencontres devant un public restreint; ces rencontres avaient pour but de renseigner la population sur le travail des stagiaires: chacune était composée du choix de quelques-unes des improvisations travaillées lors du stage, de la présentation de leur création à partir du thème de la légende de l'aigle et du chasseur, de quelques jeux d'improvisation à partir de cartes pigées par le public et de jeux d'animation incluant la participation du public.

Lors d'une fête que les stagiaires ont organisée en notre honneur, ils se sont donné un nom de troupe: Inugait, qui signifie «jeu d'osselets».

Ce soir-là, il faisait tempête à Salluit, la pire tempête depuis huit années. On voyait à peine à cinq pas devant soi. Il aurait été dangereux de se promener dans le village sans être accompagné d'un Inuk. Ce soir-là, dehors, nous avons compris combien, depuis des millénaires, ces gens ont appris à développer des intuitions qui leur ont permis de s'adapter et de survivre dans la toundra.

De plus en plus les objets de consommation, les coutumes et les idées nouvelles des «Blancs du Sud» voyagent vers le Nord et quelquefois les intérêts de ceux-ci nuisent aux libertés des autochtones...

Le souhait que l'on peut faire, c'est que les comédiens d'Inugait utilisent désormais le théâtre comme un nouvel outil d'affirmation qui leur serve, entre autres, à revendiquer leurs droits. Quant à *l'Umiak*, nous espérons qu'il contribuera à valoriser la culture Inuit auprès des enfants du «Sud».

MONIQUE RIOUX

Eva à l'accordéon lors de la fête organisée en l'honneur du Théâtre de la Marmaille.

Lors d'une promenade des animateurs (Yves Lauvaux, Monique Rioux et Paul-Émile Rioux) avec les élèves.

Équipe de création de l'Umiak

ÉQUIPE DE CRÉATION
DU SPECTACLE ET DE L'ANIMATION:
François Camirand
Yves Lauvaux
Monique Rioux

ÉCRITURE:
Michel O. Noël

SCÉNOGRAPHIE:
Daniel Castonguay

DIAPOSITIVES:
Paul-Émile Rioux

MUSIQUE:
Michel Robidoux

Équipe de production
de l'Umiak

MISE EN SCÈNE ET ANIMATION:

Monique Rioux
en collaboration avec:
François Camirand et Yves Lauvaux

DISTRIBUTION:

François Camirand
Yves Lauvaux
Monique Rioux

DÉCOR, MARIONNETTES ET ACCESSOIRES:

Daniel Castonguay, Daniel Dugré,
Pierre Fournier, Jean Gagnon

COSTUMES:

Josée Castonguay, Pauline Saint-Laurent

ÉCLAIRAGE:

Yves Lauvaux

RÉALISATION DE LA BANDE SONORE:

Michel Robidoux

AVEC LES VOIX DE

François Camirand, Yves Lauvaux,
Daniel Meilleur, France Mercille, Monique Rioux,
François Robidoux, Michel Robidoux

PROGRAMMATION DES DIAPOSITIVES:

Paul-Émile Rioux

TRADUCTION EN INUKTITUT:

Georges Filotas

CONSULTANT — ETHNOLOGUE:

Michel O. Noël

En hommage à la riche culture spirituelle des Inuit du Nouveau-Québec.

MICHEL O. NOËL

Les pas dans la neige, le gong de l'étang, et la guitare de Timmiak...

MICHEL ROBIDOUX

À l'énergie créatrice de ces femmes et de ces hommes qui luttent pour une vie authentique dans le monde moderne.

MONIQUE RIOUX

À l'immense blancheur de la neige.

FRANÇOIS CAMIRAND

Derrière le conte de L'UMIAK,
ce dont il est question, c'est de
notre survie collective.

YVES LAUVAUX

Et lorsque le froid s'en mêle,
l'être devient blanc… le temps
nécessaire à réfléchir cette chaleur humaine, espace inouï.

PAUL-ÉMILE RIOUX

À la neige et à ceux du Nord
qui la célèbrent encore.

DANIEL CASTONGUAY

Prologue

(dans le foyer du théâtre)

Ivujivik

Salluit

Kangiqsujuaq

Quaqtaq

Killiniq

Akulivik

Povungnituk

Kangirsuk

Kangiqsualujjuaq

Aupaluk

Inukjuak

Tasiujaq

Kuujjuaq

Kuujjuarapik
Poste-de-la-Baleine

Chisasibi

Avant le spectacle, le public est réuni dans le foyer ou dans une salle adjacente à celle du spectacle. Le but de cette rencontre est de préparer le public à la représentation. Dans ce lieu, le public peut observer des photos d'Inuit vivant à la façon traditionnelle ainsi qu'une carte géographique indiquant les villages où ils vivent. On remet à chaque spectateur un bandeau de tête en fourrure. Pendant la remise des bandeaux, on peut entendre des chants traditionnels Inuit. Le public est alors divisé en trois groupes qui formeront plus tard dans la salle les habitants d'un village Inuit, répartis dans trois igloos.

Animatrice
(Après la remise des bandeaux de tête)

Le Théâtre de la Marmaille est heureux de vous présenter son spectacle, *l'Umiak* (qui veut dire en Inuktitut bateau collectif). *L'Umiak* a été créé grâce à une recherche faite par Yves Lauvaux, François Camirand et Monique Rioux sur le mode de vie et la mythologie des Inuit du Nouveau-Québec.

Le récit de *l'Umiak* a été écrit par l'auteur et ethnologue Michel O. Noël, avec qui nous avons travaillé en étroite collaboration.

Autrefois, les Inuit constituaient une peuplade de gens nomades, c'est-à-dire que les hommes, les femmes et les enfants se déplaçaient souvent, poursuivant les animaux dont ils se nourrissaient: caribous, outardes, saumons, phoques, ours polaires...

Au printemps et en été, les hommes voyageaient dans de petites embarcations qu'ils appelaient des kayaks, tandis que les femmes et les enfants montaient dans de gros bateaux, des Umiaks. En hiver, ils voyageaient dans des traîneaux, nommés kamoutiks, tirés par des chiens. Tous habitaient dans des maisons de neige rondes, nommées igloos.

Les temps ont bien changé. Aujourd'hui, les Inuit se déplacent en avion, en motoneige et même en automobile. Ils habitent des maisons semblables aux nôtres, regroupées en petits villages situés sur les rives de la Baie d'Hudson et de la Baie d'Ungava.

L'Umiak raconte l'histoire d'un village Inuit d'autrefois aux prises avec la famine. Il ne reste presque rien à manger... tous, grands-parents, parents et enfants ressentent la faim et attendent désespérément le retour du chasseur.

Aujourd'hui, nous vous invitons à devenir les

L'Umiak est un bateau en peau de phoque, parfois monté d'une voile également en peau; cette embarcation a surtout été utilisée par les femmes pour transporter sur les rivières les bagages, les enfants et même les chiens. Les hommes se déplaçaient, chassaient en kayaks ou suivaient leur famille sur les rives. Leur tâche principale était d'assurer la nourriture nécessaire à toute la communauté.

Ces animaux nordiques jouent tous un rôle essentiel dans l'alimentation des autochtones de ces contrées. Ils sont au centre de leurs croyances, de leurs rites religieux et de leur mythologie.

Le cercle constitue le fondement même de la philosophie de la vie des autochtones qui croient que tout est cyclique et alterne. Il y aura tout au long du spectacle de nombreux rappels de cette figure géométrique et à ce qu'elle symbolise.

Inuit de ce village. Vous serez un membre de leur communauté. Ceux qui sont coiffés d'un bandeau brun, vous jouerez le rôle des enfants. Ceux qui portent un bandeau beige tiendront le rôle des parents et ceux qui portent un bandeau chamarré personnifieront les grands-parents.

> *Ceux qui portent un bandeau brun s'identifient en levant la main.*
> *C'est au tour des parents de s'identifier.*
> *C'est au tour des grands-parents de s'identifier. S'il y a dans le public des enfants en-dessous de six ans, il serait préférable qu'ils fassent partie du groupe des grands-parents accompagnés de leurs parents réels.*

L'histoire se passe au printemps, qui est une saison extrêmement dangereuse pour les Inuit à cause des tempêtes sournoises et, surtout, à cause de la fonte des glaces — les chasseurs risquent alors de se trouver sur une banquise flottante...

Afin de vous mettre à l'abri de la tempête, les Inuit ont construit trois igloos.

> *En s'adressant à chacun des groupes:*
>
> *Vous ferez partie du premier groupe d'Inuit... Vous, du deuxième; et vous, du troisième. Chaque groupe entrera tour à tour dans la salle. L'emplacement de chacun des igloos*

est tracé sur le sol.

Lorsque les chasseurs reviennent de la chasse, ils font le partage de leurs prises avec tout le village. Cette coutume est encore bien vivante de nos jours et, pour la rappeler, nous allons au cours de la représentation vous remettre des produits de la chasse ou de la pêche que vous passerez à votre voisin en signe de partage au rythme du tam-tam.

Voilà! Silence. Il est temps d'entrer. On nous attend. Nous nous reverrons tous après la représentation. À chacun, chacune, je souhaite un bon spectacle. Venez…

Les spectateurs entrent dans la salle et prennent place dans leur igloo respectif. Ils sont immédiatement plongés dans l'atmosphère du Nord recréée par les bruits du vent, des pas dans la neige, les hurlements du loup et le vol des outardes. Un animateur leur présente le chasseur, Luckasi, et sa famille; celle-ci se présente arborant de grands masques dans un igloo, autour de la lampe. Il s'agit de Davidee, le vieux, qui ne peut plus chasser, d'Irook, la femme, d'Élysapée, la jeune fille, et du bébé, Ovelook.

Les régions nordiques ont une ambiance sonore qu'on ne retrouve nulle part ailleurs. C'est une musique naturelle qu'on entend chaque fois

La notion de partage est sacré chez les Inuit. Seul, un individu ne peut pas survivre dans les contrées nordiques.

Le tambour est l'instrument de musique le plus répandu chez les autochtones. Il s'agit d'un objet sacré, animé, qui par ses vibrations transmet au monde surnaturel les désirs des hommes sur la terre. Il est rond, comme le soleil, la base de l'igloo, le ventre d'une femme enceinte, la terre, etc.

Les masques font partie des rites religieux des autochtones et de nombreux personnages mythologiques en portent. Ils sont aussi utilisés lors des danses ou des festivités.

avec un pincement au cœur car elle éveille le souvenir d'un vent mordant, d'un clair de lune pur, d'une volée d'outardes annonciatrice du printemps tant attendu. Ce qui nous impressionne d'abord, ce sont les crissements de nos pas sur la croûte de neige glacée. Cette espèce de Crounch... Crounch... Crounch... qui nous chatoulle les orteils, nous monte dans les jambes comme d'innombrables fourmis. On a l'impression de marcher sur la peau d'un immence tembour blanc, tendue à l'extrème.

Cette peau est rigide parce qu'au Nord, il vente pour ainsi dire toujours. On entend le vent jour et nuit, avec les résonnances les plus diverses. Comme un orchestre infatigable, il peut se faire langoureux à certains moments, taquin à d'autres, parfois encore, furieux et sournois.

ACTE I

Luckasi
dans la tempête

SCÈNE 1   # La lampe va s'éteindre

Lorsque tous les spectateurs sont assis dans les igloos autour de la lampe, le masque de la jeune fille s'avance tout près...

ÉLYSAPÉE

Il n'y a presque plus d'huile de phoque dans la lampe pour nous réchauffer. Elle va bientôt s'éteindre et il fera froid et noir dans l'igloo.

Les femmes n'ont plus rien à donner à manger... Les enfants ont faim. C'est parce qu'ils ont faim qu'ils ne disent rien. Ils sont tristes. Mangeons notre dernier poisson.

La lampe à l'huile est un objet précieux, fabriquée dans la stéatite; elle signifie qu'il y a à manger. Elle prodigue la lumière et la chaleur indispensable à la survie des occupants de l'igloo.

Les peuples des régions nordiques étaient souvent victimes de la famine.

En signe de partage, les animateurs distribuent un poisson séché par igloo. Les spectateurs s'échangent le poisson au rythme du tambour, joué par le chasseur Luckasi. C'est l'occasion pour le public d'une observation tactile et olfactive.

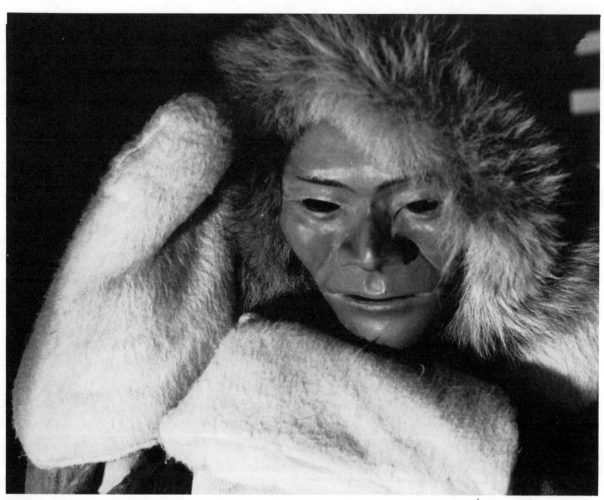

Photos: Paul-Émile Rioux.

SCÈNE 2

Luckasi attaqué par le vent

Le chasseur Luckasi se prépare pour la chasse. Il prend son harpon. Il fait ses adieux à sa famille, à Élysapée, à Irook, à Davidee et à Ovelook. Il enlève sa mitaine pour tâter d'où vient le vent.

Tout le texte du chasseur est enregistré sur une bande sonore. L'enregistrement diffusé en quadraphonie permet de mieux suivre les déplacements du chasseur.

Le comédien personnifiant celui-ci porte un masque épousant les traits d'un visage d'Inuk. Luckasi passe devant chaque igloo de son village avant de s'éloigner vers la banquise.

De temps en temps, Luckasi est forcé de marcher dos au vent pour éviter que celui-ci ne fouette son visage.

Le vent, dans les croyances populaires des Inuit, est un esprit malin qui n'apporte rien de bon à l'homme. Il est souvent personnifié et considéré comme un ennemi qui s'acharne sur lui.

LUCKASI

Le vent vient du nord et le vent du nord est toujours vif et froid. Le vent du nord me gèle car il est

Dessin de Danny.

Lorsqu'un chasseur n'a plus de vête-ments neufs, c'est qu'il n'a pas de succès à la chasse. Par conséquent, il n'a rien à manger et sa vie est en danger. Il est dangereux de chasser par grand froid avec des vêtements usés qui offrent peu de protection.

vif. Il nous glace lorsqu'il vient du nord, car il est en colère.

La bourrasque transperce mes vêtements usés. Mes vieux vêtements ne me protègent plus du froid. Je gèle! Je n'ai plus de vêtements neufs.

Le vent du nord m'empêche d'avancer car son souffle est puissant. Le vent ralentit ma marche. Oh! C'est difficile d'avancer. Le vent est en colère. Je m'enfonce dans la neige. C'est de plus en plus difficile. Je m'enfonce davantage à chaque pas. Le vent est en colère contre moi. Le vent me frappe avec ses cristaux de glace. J'ai mal au yeux.

Je ne vois plus rien. Le vent et la neige m'aveu-glent. Je ne vois plus devant moi.

Luckasi cherche son chemin.

Oh! J'ai froid. Je sens mes mains qui s'engourdis-sent. Je ne sens plus mes pieds.

Luckasi fait des exercices pour éviter que ses mains et ses jambes ne s'en-gourdissent.

Il faut que je marche, que j'avance. Il faut que j'aille jusqu'à la banquise. Je dois marcher, sans m'arrêter un seul instant. Il faut que je marche, pour ne pas m'arrêter.

Le chasseur sait que s'arrêter serait se condamner à mourir gelé.

Luckasi continue sa marche vers la banquise.

LE VENT

Arrête-toi. Repose-toi un peu. Tiens, mets-toi à l'abri, au flanc de cette colline. Tu es fatigué, tu as froid. Repose-toi un peu, ça te fera du bien.

Le vent est un enjôleur.

La voix du vent a été transformée à l'enregistrement: elle est langoureuse et est matérialisée par un enregistrement en quadraphonie, soutenu par des effets d'éclairage.

Luckasi se laisse enjôler un moment, puis se relève et continue sa route.

LUCKASI

Non! Non! Je ne dois pas me reposer un seul instant. Il faut que j'aie la force d'avancer; je m'en vais chasser. J'ai encore un long trajet devant moi. Le phoque est encore loin. Ma famille m'attend dans l'igloo que j'ai construit au milieu de la tempête.

Lorsqu'ils sont surpris par une tempête, les Inuit se construisent rapidement un petit igloo de fortune pour les abriter temporairement du froid, du vent et de la neige.

À ce moment, les masques de la famille commencent à bouger.

C'est un petit igloo pour protéger ma famille, pour la protéger du vent et du froid, en attendant que le bon temps revienne.

Le chasseur disparaît derrière une colline.

49

SCÈNE 3

Luckasi est en danger

ÉLYSAPÉE

(*S'adressant au public du premier igloo.*) Les chasseurs sont partis depuis cinq jours. Le printemps approche. C'est dangereux. Les glaces risquent de se fendre…

DAVIDEE

(*Il émet une plainte.*)

ÉLYSAPÉE

(*S'adressant au public du deuxième igloo.*) Il y a maintenant six jours que les chasseurs sont partis sur la banquise. Ils ne sont pas encore revenus…

DAVIDEE

(*À nouveau, il se plaint.*)

ÉLYSAPÉE

(*S'adressant au public du troisième igloo.*) Sept jours sont passés depuis que le chasseur a quitté le village. Il risque de demeurer prisonnier des glaces. (*S'adressant au vieillard Davidee.*) Grand-père, Luckasi est parti depuis sept jours… Il n'est pas encore revenu.

Dans les moments importants, les grands-parents sont toujours consultés en premier, car les personnes âgées sont les plus sages et les plus instruites des choses de la vie. Ils connaissent bien la nature et les enseignements des ancêtres.

DAVIDEE

Autrefois, il y avait beaucoup de phoques sur la banquise. Maintenant, il n'y en a presque plus et il faut aller très loin pour les chasser.

> *On entend l'air d'une chanson chantée lorsque la chasse est bonne. L'air est accompagné de Katadzat (un chant de gorge chanté par les femmes). Élysapée esquisse quelques pas de danse pour endormir le bébé.*

> *Les personnages masqués disparaissent.*

DAVIDEE et IROOK

Si la chasse est bonne, nous construirons un grand igloo pour la danse. Nous danserons pour rendre hommage au phoque.

Les Inuit ont beaucoup de respect pour les animaux qu'ils chassent et dont ils se nourrissent. Un grand principe écologique veut qu'aucune partie d'un animal ne soit gaspillée.

Dessin de Julie Lemmetti.

SCÈNE 4

La ténacité de Luckasi

Le chasseur arrive de l'autre côté de la colline.

LUCKASI

Je vais tuer un phoque pour remplir la lampe d'huile. L'huile de phoque nous donne la vie. Le phoque donne la vie et la chaleur à l'Inuk. Plus tard, nous chasserons l'outarde. L'outarde viendra bientôt. Il y aura beaucoup d'outardes. Les outardes viendront du Sud avec le vent doux.

L'outarde est un animal vénéré par les autochtones, car elle est un élément essentiel de leur alimentation. Chez les peuples nordiques, une volée d'outardes annonce la venue du printemps. L'outarde est à l'origine des chants «Katadzat», pratiqués par les femmes.

On entend les outardes arriver de derrière les spectateurs vers la banquise où se trouve Luckasi.

Cet effet ainsi que chaque intervention du vent venant d'un endroit différent peuvent être réalisés grâce à la quadraphonie.

Les spectateurs se sentent directement concernés, puisque le vent intervient tantôt devant, tantôt derrière, tantôt à droite ou à gauche de l'endroit où ils sont placés.

LE VENT

Ne te presse donc pas, tu as tout ton temps.
Repose-toi, tu chasseras, demain. Demain, il fera
beau. La chasse sera plus facile et les phoques
seront plus nombreux sur la banquise, demain…

LUCKASI

Les gens de mon village m'attendent, ils ont faim;
demain, il sera trop tard. Il faut que j'aille sur la
banquise. La grande banquise. Je sais qu'elle s'approche. Je sens l'eau. Il y a de l'eau dans le vent. Il
y a des cristaux dans le vent. L'eau me guide vers
le phoque. Je ne m'arrêterai pas.

> *Luckasi enlève sa mitaine pour sentir*
> *sur ses doigts l'eau de la mer où le*
> *phoque se trouve.*

Le chasseur, qui connaît bien son environnement, détecte l'eau dans l'air.
C'est ainsi qu'il s'oriente vers la banquise sur laquelle il trouvera imman-
quablement un phoque.

LE VENT

Demain tu seras beaucoup plus fort, la chance te
sourira. Tu es un grand chasseur. Tu tueras plusieurs gros phoques bien gras. Repose-toi. Demain
il fera soleil et chaud. Repose-toi, tu es trop faible.

LUCKASI

Ma ruse, mon expérience, mon courage, ne
m'abandonnez pas! Venez à mon secours, vous
qui m'avez toujours soutenu dans les moments
les plus périlleux de ma vie. Aidez-moi à vaincre
l'esprit malin du vent. Chassez la fatigue et le
froid de mon corps. Donnez-moi la force d'atten-
dre le phoque!

> *Le chasseur aperçoit d'abord une*

Par sa teneur en calories, le gras de
l'animal constitue un élément essentiel
à la survie des autochtones. Cet ali-
ment est donc fort apprécié de tous et
considéré comme une nourriture sa-
crée. C'est aussi de la graisse de l'animal que la femme tire l'huile si pré-
cieuse qui procure le feu pour la cuis-
son des aliments, pour la lumière et la
chaleur.

Le chasseur s'adresse directement à son
esprit protecteur pour que celui-ci lui
donne la force et le courage de traverser
l'épreuve dont il est victime. Il person-
nifie certaines parties de son corps et
leur parle pour les inciter à se surpasser
et à ne pas l'abandonner comme si
chaque partie de son corps avait sa
propre vie.

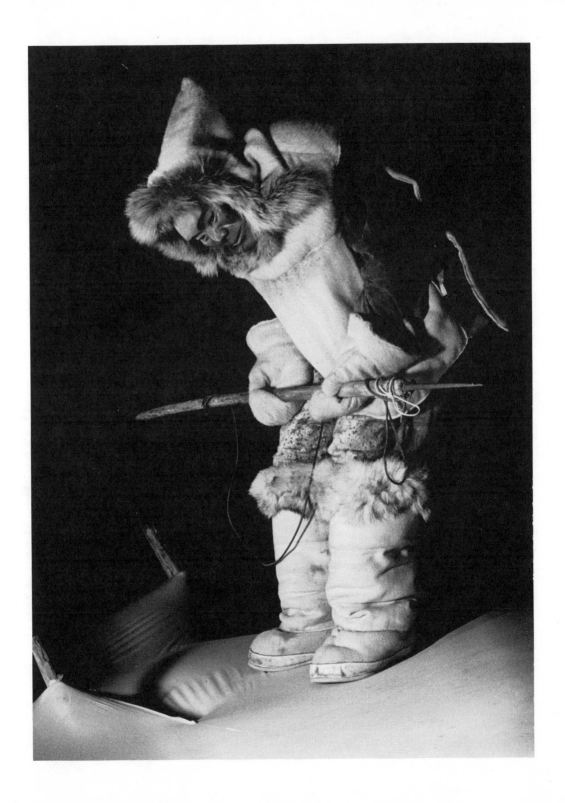

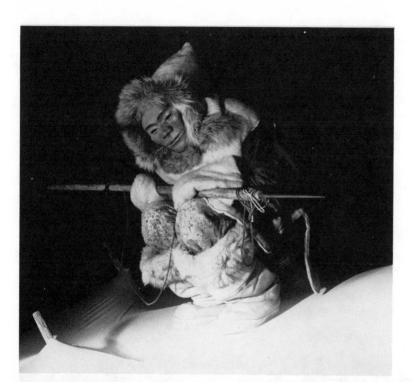

buée qui sort de l'aglu (trou de respiration du phoque).

LE PHOQUE

Tchou! Bon, il ne manquait plus que ça, j'ai attrapé un rhume. Atchou! Je vais aller sur la banquise pour me chauffer la «couenne» au soleil. Ho! Ho! Qu'est-ce qu'il y a là-haut? Une ombre? Voyons cela de plus près. Mais soyons prudent. Brr! J'ai des frissons dans les moustaches.

> *L'enregistrement de la voix du phoque donne d'abord l'impression qu'il parle sous la glace; il surgit un peu plus loin sur la banquise sous la forme d'une marionnette. Le phoque déjoue ainsi l'attention du chasseur pour mieux l'observer.*
>
> *Luckasi, qui n'a pas vu que le phoque l'observe derrière lui, se couche sur la glace pour imiter le phoque afin de l'approcher. Luckasi se cache derrière la banquise pour mieux surveiller la sortie du phoque.*

Ha! Ben, j'aurai tout vu. C'est un chasseur qui essaie de m'imiter. Il me guette. Il m'attend, il pense m'avoir avec son harpon.

> *Il y a un silence.*

Ouais! Il est patient.

> *On entend quelques notes de musique.*

Les phoques, au printemps, sortent sur les glaces pour respirer et se chauffer au soleil. C'est alors que les Inuit intrépides s'en approchent par toutes sortes de ruses, pour les tuer. Selon les Inuit, le phoque n'est pas dupe. Il sait ce qui se trame et il se laissera prendre s'il juge que le chasseur le mérite.

Écoutez… Entendez-vous? Il s'en passe des choses dans sa tête de chasseur… Écoutez…

Quelques notes de musique se font entendre. Approchez-vous, pour mieux voir.

De son côté, Élysapée fait approcher le public de la banquise, igloo par igloo, au son d'une musique qui rappelle celle d'un cirque. Lorsque tous se sont rapprochés, le Chaman-narrateur apparaît.

ÉLYSAPÉE

(*Aux spectateurs-participants de chaque igloo.*) Pour mieux voir et entendre ce qui se passe dans la tête du chasseur, toute la famille de cet igloo-ci, on s'approche lentement de la banquise.

Les spectateurs-participants, igloo par igloo, s'approchent de la banquise.

ACTE II

Les réminiscences de Luckasi

SCÈNE UNIQUE

Le chasseur reçoit
un mystérieux présent

Le chaman apparaît derrière la banquise. Il est coiffé d'une peau de renard blanc.

LE CHAMAN-NARRATEUR

Les personnes âgées jouent chez les Inuit le rôle de transmetteur des connaissances et des récits qui leur ont été légués par les ancêtres.

La Sanayï est une sage femme. C'est elle qui assiste à l'accouchement.

Ce que je vais vous raconter m'a été transmis par mon grand-père. C'est une histoire des anciens temps. Cela s'est passé il y a très, très longtemps, avant la naissance de mon grand-père. C'est ce que mon «sanayï» m'a raconté.

Le chaman présente une marionnette qui lui vient à la taille. Elle représente le chasseur Luckasi, elle ne s'exprime qu'en Inuktitut, la langue des Inuit. Le chaman joue en relation constante avec le public qui est constitué des parents, des grands-parents et des enfants du village de Luckasi.

Un jour, un Inuk qui s'appelait Luckasi avait une famille nombreuse. Il avait plusieurs enfants, des grands-parents, des oncles, des tantes... Luckasi, qui avait une grande famille, chassait pour vivre. Il chassait tout le temps. Il chassait des ours blancs, des caribous, des phoques, des outardes.

C'était un chasseur redoutable. Un vrai bon chasseur. Luckasi était un bon chasseur, mais il ne tuait jamais les animaux inutilement. Il les tuait pour manger lorsque lui et les siens avaient faim. Avec leur peau, les femmes confectionnaient des vêtements neufs. Elles fabriquaient des *atigis*, des *poaluks*, des *harliks*, des *kamiks*. Les vêtements neufs protègent bien du vent, de la neige, de l'eau et du froid. Avec les os, les hommes et les femmes se faisaient toutes sorte d'outils. De bon outils solides, des couteaux, des grattoirs, des houlou… C'est décousu, ça! Aouch!

Il est essentiel, pour la survie du clan, que l'Inuk soit un bon chasseur.

Il s'agit ici d'un principe écologique fondamental chez les autochtones: un animal n'est jamais tué inutilement et toutes ses parties doivent servir.

Traduction des quatres termes: manteau, mitaines, pantalons, bottes.

Un bon chasseur se reconnaît à l'œil nu: il est vêtu de neuf!

Le houlou est le couteau utilisé surtout par les femmes.

Le chaman se rend compte que le kamik de Luckasi est décousu. Il prend une aiguille cachée dans sa botte, se pique le bout du doigt.

Luckasi lui donne un baiser sur le doigt comme on fait avec les enfants lorsqu'ils se sont blessés;

Puis le chaman continue de raconter tout en reprisant le kamik de Luckasi.

Le chasseur ne gaspillait jamais rien. Il respectait les animaux qu'il tuait. C'est pour ça qu'il était un bon chasseur. Il respectait et aimait tous les animaux. Luckasi n'aurait jamais osé maltraiter la moindre petite bête.

Autre principe écologique et même religieux qui veut qu'on ne peut pas être bon chasseur si on ne respecte pas les animaux que l'on chasse.

Luckasi caresse le renard blanc qui forme le chapeau du Chaman.

Un animateur fait apparaître une marionnette d'aiglon qui boit.

Un jour, il vit un aiglon qui s'abreuvait dans un ruisseau. Le chasseur était tenaillé par une grande faim. Il prit son arc. Il fallait faire vite, car l'aigle est un oiseau vif. Il visa l'aigle en plein cœur et le tua.

L'aigle est un animal respecté pour son allure fière, sa puissance et sa capacité de voler très haut. Le chasseur le tua d'un seul coup au cœur pour éviter de le faire souffrir. Un bon chasseur ne fait jamais souffrir sa proie et les animaux tués apprécient son habileté.

LUCKASI

ᐅᓇ, ᑐᖅᑯᑦ ᓯᕙᑖᑦ ᓴᕙᒪ ᓇᑦ ᑐᕙᓚᒻᒥᒃ!
ᓃᑎᓚᖖᒐᓚᕙᑦ ᑕᐃ. ᐊᖏᔫᖏᑑᒐᓗᐊᖅ
ᐃᓘᓐ ᓇᑎᒃ ᓂᑎᓚᖖᒐᓚᖅ ᑑᒐᓗᐊᑦ.

Voilà, j'ai tué un petit aigle. Nous allons manger. C'est peu, mais chacun aura sa part.

Il s'agit d'un autre principe fondamental chez les Inuit: la nourriture est partagée entre tous ceux qui ont faim ; même si c'est peu, chacun aura sa part.

Cette phrase est d'abord dite en Inuktitut par Luckasi puis traduite par le Chaman. Le Chaman remet à l'animatrice l'aiglon qu'elle fait cir-

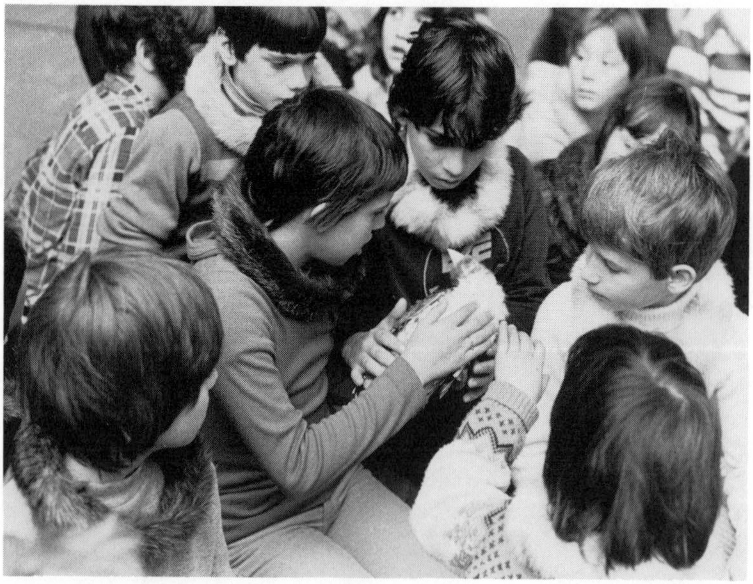

culer parmi les spectateurs-partici-
pants en signe de partage.

Pour permettre à tous de partager, on
fait passer trois autres aiglons parmi
le public. Ce rituel se fait au rythme
du tambour du Chaman.

Le Chaman fait apparaître un sac et
un collier fabriqués avec le corps de
l'aiglon.

LE CHAMAN-NARRATEUR

Le chasseur utilise toutes les parties de l'animal pour ne pas l'offusquer. Les os non utilisés sont jetés au feu. Ils se consument, se transforment en fumée et retournent dans le monde spirituel pour que l'animal mort puisse se réincarner.

Le chasseur prit la peau de l'aiglon et se fit un sac en gardant intactes toutes les plumes. C'était un très beau sac, bien fait, utile! Luckasi prit ensuite le bec et les griffes de l'oiseau de proie et se confectionna un beau collier. Il était très fier de montrer qu'il avait tué un aigle.

Le Chaman porte le collier. Luckasi
lui fait remarquer par gestes que le
collier lui appartient. Le Chaman le
lui remet en souriant.

Ha oui, c'est à toi!

L'aiglon avait rendu de grands services au chasseur. Luckasi prit les os et les jeta au feu. Les os brûlèrent et disparurent dans les cendres.

Silence.

Un effet de flamme apparaît, lorsque
le Chaman jette les os au feu.
La marionnette Luckasi dort sur les
genoux du Chaman.

Un matin, très tôt, Luckasi fut éveillé par des bruits étranges.

BRUITAGE

CHHH… CHHH… CHHH.

Des bruits d'ailes se font entendre derrière le public. Luckasi se réveille.

LUCKASI

ᓱᓈᓗᒍᓈ?

Qu'est-ce que c'est?

BRUITAGE

CHHH… CHHH… CHHH.

LE CHAMAN-NARRATEUR

Luckasi avait de bonnes oreilles. Il connaissait tous les bruits, ceux du vent, ceux de la pluie, de l'eau, ceux des animaux de son pays. Il connaissait par cœur tous les bruits de la nature.

Un bon chasseur doit nécessairement avoir de bonnes oreilles pour être en mesure de reconnaître les sons et les bruits émis par les animaux qu'il chasse.

BRUITAGE

CHHH… CHHH… OUIT… OUIT…

LUCKASI

ᐆ ᐊᐄ! ᓇᑦᑐᕋᓚᓐᓃᒃ ᑐᓵᓚᖅ ᖅᑭᓚᖅᒐ?
(ᑐᓵᑦ ᓴᕋᒪᐃ!)

Oh! J'entends des aigles.

Un bon chasseur n'a pas que de bonnes oreilles pour entendre. Il a aussi d'excellents yeux pour détecter les animaux qu'il chasse, même s'ils sont au loin et se confondent avec leur environnement.

LE CHAMAN-NARRATEUR

Le chasseur avait de bons yeux. C'était un grand chasseur. Il vit au loin deux oiseaux. Il distingua deux aigles qui battaient des ailes et criaient.

Manipulés par les animateurs, deux aigles-marionnettes apparaissent derrière le public.

LES AIGLES

CHHH… CHHH… OUIT… OUIT…

LE CHAMAN-NARRATEUR

Pour les rassurer, Luckasi les imita. Il ne voulait surtout pas les effrayer.

LUCKASI

ᐅᐃᑦ ! ᐅᐃ! ᐅᐃ! (ᓂᐱᖏᓐ ᓂᒃ ᐃᑦ ᔪᐊᓱᑦ ᓱᓂ)

OUIT… OUIT… OUIT… OUIT…

LES AIGLES

OUIT… OUIT… OUIT… OUIT…

LE CHAMAN-NARRATEUR

Et le chasseur s'approcha par petits sauts en les imitant.

Luckasi imite les animaux pour les confondre et s'en approcher suffisamment pour décocher avec succès sa flèche meurtrière. Il devient ainsi lui-même un animal.

Les aigles s'approchent de la banquise.

L'AIGLE-FEMME

Arrête! Ne tire pas! Nous sommes venus te parler.

LUCKASI

ᑭᓇᒃ ᑰᕕᑏᒃ ? ᓇᑭᑦᑖ ᐱᕕᑎᒃ ?

Qui êtes-vous? D'où venez-vous?

L'AIGLE-HOMME

Approche un peu. Laisse ton arc et tes flèches.
Viens nous voir.

L'AIGLE-FEMME

N'aie pas peur. Nous sommes venus en amis.

*Les aigles se décoiffent montrant l'un
une tête d'homme, l'autre une tête
de femme.*

Il s'agit d'êtres mythologiques souvent présents dans les récits légendaires des Inuit. Ils sont mi-humain, mi-animal. Ils parlent exceptionnellement aux hommes et aux femmes.

LE CHAMAN-NARRATEUR

Les deux aigles enlevèrent leur capuchon, découvrant l'un une tête de femme et l'autre une tête d'homme. C'était des êtres mi-aigle, mi-humain. Luckasi avait déjà entendu parler de ces êtres étranges par son «sanayï». Cela le rassurait car il en avait déjà entendu parler. Mais il en voyait pour la première fois.

LUCKASI

ᒋᒍᒪᐱᑉ (ᐅᖃᐊᓂᑉ)

Que me voulez-vous?

L'AIGLE-FEMME

Nous venons te chercher.

L'AIGLE-HOMME

Est-ce bien toi qui as tué notre jeune frère?

Luckasi tremble de peur.

LE CHAMAN-NARRATEUR

Le chasseur frémit de peur. Il se souvenait bien d'avoir tué un aiglon près du ruisseau.

Le chasseur craint d'avoir manqué de respect à un animal qu'il aurait tué et, ainsi, d'avoir commis un sacrilège.

L'AIGLE-FEMME

Notre mère veut te voir et te parler. Elle nous envoie te chercher.

LE CHAMAN-NARRATEUR

Dites-moi où est votre mère. Nous irons lui rendre visite.

L'AIGLE-FEMME

Nous vous conduirons. Vous volerez avez nous.

LUCKASI

ᑭᕿᐊᓂ ᐃᓯᑭᖅᑦ ᒥᑐᐊᔪᓪᒪ!

Mais, je n'ai pas d'ailes pour voler.

L'AIGLE-FEMME

Pour s'y rendre, on n'a pas besoin d'ailes, il suffit de fermer les yeux.

LE CHAMAN-NARRATEUR

Luckasi se ferma les yeux. Nous allons faire comme lui pour l'accompagner. Donnez-vous la main. Fermez les yeux!

> *Les deux aigles remettent leur capuchon. Les spectateurs-participants placent leur bandeau devant leurs*

yeux et se donnent la main. Ils entreprennent alors le voyage vers le nid de la Mère-Aigle, accompagnés d'une musique retransmise en quadraphonie.

Les voyageurs ressentent la sensation du vent. Les voyageurs reçoivent des gouttes d'eau. À ce moment, ils ont la sensation de traverser un rideau vaporeux.

On retrouve à nouveau l'allusion au cercle, au cycle. Selon les autochtones, tout dans la nature est rond et le cercle est générateur de vie. Tous les événements importants dans la vie se situent dans un cercle: le nid de l'oiseau, le cercle de la tente, la base de l'igloo, le soleil, la lune; et tout alterne: jour et nuit, pluie et beau temps, la migration des animaux, etc.

Nous nous envolons dans le vent. Nous entendons des battements de cœur qui viennent de loin. Nous traversons un nuage. Nous rencontrons une volée d'outardes. Nous entrons dans le nid de la Mère-Aigle. Luckasi ouvrit les yeux, et se retrouva soudain au beau milieu d'une maison de duvet. Ronde comme les igloos de son village.

Tous ont l'impression de se retrouver dans le nid de la Mère-Aigle grâce à un jeu de diapositives projetées sur la banquise.

La Mère-Aigle apparaît sous la forme d'une grande marionnette dans un effet d'éclairage ultra-violet.

LA MÈRE-AIGLE

Approche. Je veux te voir. C'est toi qui as tué mon enfant.

LUCKASI

ᐋ! ᑖᓐ ᓇᐅᕗᖓ. ᑐᕐᑯᑉ ᐸᕋ ᐃᓚᒃ ᑲ
ᓂᑎᒃ ᑲᕈᒪᑦ ᓱᒋᑦ ᑭᓱᐊᓂ.

Oui, c'est moi. Mais c'était pour nourrir ma famille.

Luckasi veut ainsi justifier son geste.

LA MÈRE-AIGLE

Je sais que tu n'as rien gaspillé et que tu respectes les animaux que tu chasses. Regarde bien ce que je vais te montrer. Je veille sur tous ces animaux. Je te donnerai ceux que tu voudras. Ils seront à toi pour toujours. Tu n'auras plus jamais faim. Choisis.

La Mère-Aigle est le Grand Esprit des animaux. Elle règne sur eux et c'est elle, par sa générosité et sa grande justice, qui permet que les chasseurs, pour se nourrir, tuent un certain nombre de ses pareils.

On voit apparaître sur la banquise des images de différents animaux nordiques qui se meuvent sur le rythme de la musique et des paroles de la Mère-Aigle.

LUCKASI

ᐊᐅᑲ! ᐊᑕᐅᓯᐊᐱᒻ ᒥᓘᓐ ᓃᑦ ᓇᒻᒥᓂᑦ ᓴᑎᒐᔪᕐ ᑕᓃᕙᖓ
ᓇᑦ ᓚᑳᕈᒪᔪᕆᓐ ᓇᒪ. ᐊᐅᑲ! ᑖᓐ ᓇᓘᓗᖓ ᓈᒻ ᒥᓂᑦ ᑖᕈᒪᑦ-
ᔪᕆᓐ ᓇᒪ. ᒥᑦ ᓯᖅᑲᕐ ᑑᔫᕆᒪᑦ ᓚ!

Non! Je n'oserais prendre un seul animal pour moi tout seul. Non! Pas pour moi tout seul. Ce serait injuste.

Le chasseur refuse l'exclusivité car ce serait injuste pour ses confrères. Les autochtones sont aussi contre toute forme de propriété privée et ils refusent la domestication des animaux dont ils se nourrissent.

LA MÈRE-AIGLE

Est-ce que c'est parce que tu trouves qu'il serait injuste d'en avoir un pour toi tout seul?

LUCKASI

(*Il fait signe que oui.*)

Pour les autochtones, les rêves sont prémonitoires. C'est par le rêve que les dieux manifestent leur volonté aux humains. Le songe est un lien direct entre le monde terrestre et le monde spirituel.

LA MÈRE-AIGLE

C'est bien! Je suis heureuse de ta réponse. Tiens, accepte ce cadeau. Il te sera utile et protégera les tiens du froid. Et lorsque vous rêverez dans votre sommeil, je vous parlerai. Cette nuit, couvre bien ta famille avec cette peau et écoute bien mon message.

On voit apparaître derrière le public un grand tissu blanc. C'est une toile

Dessin de Christian Geroux.

de parachute qui représente la cou-
verture des rêves.

LE CHAMAN-NARRATEUR

De retour au village, la nuit commence à tomber.
Tous ont hâte de voir et d'entendre le message de
la Mère-Aigle.

ACTE III

La réussite de Luckasi

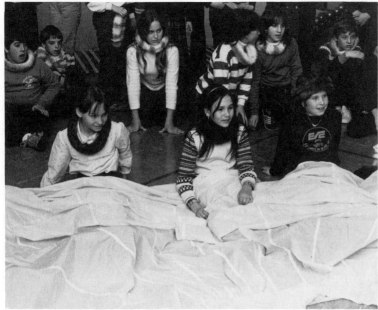

Dessin de Lucie Maisonneuve.

SCÈNE 1   **Le rêve**

ÉLYSAPÉE

Les enfants du village, on s'assoit tout autour de la couverture des rêves.

> *Les spectateurs-participants qui ont un bandeau brun s'exécutent au rythme du tambour joué par le Chaman.*

Les parents du village, on se place debout, derrière un enfant.

> *Les spectateurs-participants qui portent un bandeau beige se placent debout.*

Les enfants, on se couche sur le dos sous la couverture de rêve, la tête à l'extérieur, puis, on se donne la main.

> *Les enfants se couchent et se donnent la main.*

Les parents, on prend la position en petit bonhomme, accroupis, et on écoute bien le Chaman.

LE CHAMAN-NARRATEUR

Au son du tambour, on relève la couverture de rêve au bout de ses bras, puis on s'accroupit de nouveau. La couverture, en se gonflant, formera un grand igloo. Attendez mon signal avant de former un autre igloo.

ÉLYSAPÉE

Les grands-parents, suivez-moi, on va marcher tout autour pour mieux voir le rêve. Venez…

Au rythme de la musique, le groupe des «parents» soulève la couverture du rêve, puis la rabaisse pour former un

La couverture des rêves forme, une fois ouverte, un grand cercle qui rappelle encore que cette figure géométrique est génératrice de vie. Gonflée, la couverture devient un igloo, un nid, une sphère. Elle symbolise la chaleur du foyer et la fécondité.

grand igloo. Grâce à une musique évocatrice et aux effets de la lumière noire (qui révèle des dessins tracés sur la toile à l'encre invisible), les participants reconstituent sur la couverture gonflée diverses images qui nourriront le rêve de chacun: caribou, phoque, outarde, glaces brisées, etc. Le rêve terminé, les Inuit s'assoient et, les yeux baissés, pensent au rêve qu'ils viennent de vivre.

ÉLYSAPÉE (*aux lecteurs de* l'Umiak)

Dessine le rêve que tu imagines.

Après le rêve, le Chaman fait asseoir les spectateurs-participants.

LE CHAMAN-NARRATEUR

Le matin, tous s'asseoient et pensent au rêve étrange qu'ils viennent de faire. La Mère-Aigle nous a donné cette couverture de rêve en nous disant qu'elle était pour nous parler pendant notre sommeil. Essayons de comprendre son message.

Après quelques instants de silence, le masque d'Élysapée parle.

ÉLYSAPÉE

Brrr... Le bébé a froid et il a les pieds gelés.

LE CHAMAN-NARRATEUR

Mets-lui ses kamiks. Tu verras, il sera beaucoup mieux.

ÉLYSAPÉE

La lampe est presque éteinte.

LE CHAMAN-NARRATEUR

Il n'y a presque plus d'huile de phoque dans la lampe.

ÉLYSAPÉE

Il fera noir et froid dans l'igloo lorsque la lampe s'éteindra.

LE CHAMAN-NARRATEUR

Il faut tuer un phoque pour avoir de l'huile et de

Rappel de l'importance du phoque, de la chaleur et de la lumière.

81

la lumière.

ÉLYSAPÉE

Le bébé a faim.

LE CHAMAN-NARRATEUR

Nous aurons à manger quand le chasseur reviendra.

ÉLYSAPÉE

Si on pouvait aller là où il y a plein d'animaux comme dans le rêve qu'on a fait tous ensemble la nuit passée.

Dans leur rêve prémonitoire, ils ont rêvé à toutes sortes d'animaux.

LE CHAMAN-NARRATEUR

C'était un rêve bien étrange, un très beau rêve. Malheureusement, nos rêves ne se réalisent plus aujourd'hui. Avant, nos rêves se réalisaient... Plus maintenant...

ÉLYSAPÉE

Pourquoi les rêves ne se réalisent-ils pas comme avant?

LE CHAMAN-NARRATEUR

Parce qu'on ne croit plus à l'importance des rêves... Parce qu'on n'en parle plus.

Le Chaman sort au rythme du tambour.

ÉLYSAPÉE

Le Chaman a raison. C'est un sage. Il connaît l'importance des rêves. Si on parlait du rêve étrange que nous avons fait tous ensemble. Ça nous aiderait peut-être à mieux le comprendre. Entrons tous dans nos igloos pour en discuter.

(*Aux lecteurs de* l'Umiak:) En t'inspirant du dessin de ton rêve, écris ce que tu penses que la Mère-Aigle a voulu nous dire d'important pendant le rêve.

SCÈNE 2   **La débâcle**

> *Les participants entrent dans leur igloo au son de la musique; ils commencent à discuter, alors qu'on entend le bruit des glaces qui s'entrechoquent et se brisent.*
>
> *Cette scène est transmise en quadraphonie et s'accompagne d'effets visuels réalisés au moyen de diapositives.*
>
> *Le vieux Davidee arrive; il rejoint Élysapée.*

DAVIDEE

Silence! Silence!

ÉLYSAPÉE

Que se passe-t-il?

DAVIDEE

Entendez-vous? Chut!

ÉLYSAPÉE

C'est la glace qui craque. C'est comme dans le rêve que j'ai fait la nuit passée.

DAVIDEE

Les loups hurlent. Restez dans vos igloos. (*S'adressant aux spectateurs-participants.*) Je vais voir.

ÉLYSAPÉE

(*Montrant la brume.*) Regardez, il y a de la brume.

DAVIDEE

C'est l'eau qui fume... Attention! Il y a une crevasse, juste là...

> *On voit apparaître une image de crevasse.*

> *La femme Irook arrive de derrière la banquise.*

IROOK

N'allez pas dans cette direction. J'ai failli tomber.

DAVIDEE

Il faut trouver un passage. Un pont de glace... Nous sommes encerclés.

> *Les trois masques cherchent un passage en faisant un cercle.*

IROOK

Ça ne passe plus nulle part.

ÉLYSAPÉE

Vite il faut se sauver!

IROOK

Nous sommes à la dérive sur un morceau de glace.

DAVIDEE

Sautons dans nos kayaks. Vite aux kayaks.

Davidee et Irook se précipitent vers les kayaks. Ils sont arrêtés par Irook.

IROOK

Arrêtez!

ÉLYSAPÉE

Qu'y a-t-il?

IROOK

Il n'y a pas assez de kayaks pour tout le monde.

DAVIDEE

Alors, que les hommes partent les premiers.

ÉLYSAPÉE

Et nous, les enfants?

IROOK

Et les vieux? Ils sont les seuls à connaître la route.

DAVIDEE

Mais alors, qui doit prendre les kayaks? Qui?

IROOK

Qui?

ÉLYSAPÉE

Qui?

DAVIDEE, IROOK et ÉLYSAPÉE

Il faut en discuter.

Deux des trois masques s'éloignent pour discuter. Élysapée s'avance vers les trois igloos.

SCÈNE 3   # Qui sera sauvé?

ÉLYSAPÉE

(*S'adressant aux spectateurs-participants.*) Il n'y a pas assez de kayaks pour tout le monde. On va débattre à savoir qui devrait prendre les kayaks: les parents, les grands-parents ou les enfants? Et pourquoi ce sont ces personnes que vous choisissez?

> *Après un moment de discussion, Élysapée fait parler quelques personnes. Elle procède de la même façon avec le groupe des grands-parents, des parents et des enfants.*

Levez la main ceux qui croient que ce sont les grands-parents qui devraient partir? Parmi ceux qui ont la main levée, pouvez-vous me dire pourquoi vous avez choisi les grands-parents?

Quels sont ceux qui ont choisi les parents? Quelles sont les raisons de votre choix?

Quels sont ceux qui enverraient les enfants dans les kayaks? Et pourquoi?

Est-ce qu'il y en a qui ont trouvé des solutions différentes?

Toi qui es notre lecteur, quel serait ton choix? Il y a un espace pour écrire les raisons de ce choix ainsi que les autres solutions que tu pourrais trouver face à ce problème.

SCÈNE 4

La métamorphose

ÉLYSAPÉE
Dans l'histoire de Luckasi...

> *Le Chaman arrive sans sa marion-*
> *nette.*
>
> *Un animateur et une animatrice cons-*
> *truisent l'Umiak avec l'aide de deux*
> *grands tissus.*

Dans l'histoire de Luckasi, mon «sanayï» racontait que pendant que les hommes discutaient, la femme de Luckasi eut une idée. Elle eut l'idée de construire un Umiak, un grand bateau pour sauver sa nombreuse famille. Les femmes prirent alors toutes les peaux qu'elles purent trouver et elles les assemblèrent en les cousant avec des fils de nerf. L'Umiak construit, la femme de Luckasi alla chercher les hommes et les vieillards qui discutaient toujours. Elle leur dit: «Dépêchez-vous, la banquise rapetisse, nous avons construit un Umiak. Il est temps de partir.»

> *La musique intervient.*

On raconte qu'un vieillard trop faible décida de
laisser sa place et de rester sur la banquise.

Souvent, les personnes âgées se sacri-
fient pour laisser la place aux jeunes.

> *L'Umiak se met à tanguer sur la mer.*
> *Il y a des projections montrant les*
> *eaux et les aurores boréales.*

L'histoire dit encore qu'une fois l'Umiak à l'eau,
un vent emporta le bateau vers le soleil couchant

Croyance populaire qui veut que si on siffle les aurores boréales, on libère des esprits malins qui capturent les humains et les transportent avec eux dans les airs. Une autre croyance veut que si on les siffle, elles nous coupent la tête. Une autre soutient que l'action de les siffler les fait danser.

au pays des caribous. De la banquise, le vieillard leur aurait donné ce conseil: «Surtout ne sifflez pas les aurores boréales.»

Peut-être n'ont-ils rien entendu... Une tempête se lève... La mer se gonfle... Le ciel s'enflamme... Puis dans le soleil couchant, un grand oiseau apparaît...

VOIX DU CHAMAN (*sur la bande sonore*)
Surtout ne sifflez pas sur les aurores boréales. Peut-être n'entendent-ils rien...

Cette réplique est reprise sur la bande sonore, accompagnée d'une musique.

Une tempête se lève... La mer se gonfle... Le ciel s'enflamme... Puis dans le soleil couchant, un grand oiseau apparaît.

Des diapositives illustrent la tempête. Les grands tissus se transforment en deux grandes ailes. Des projections de grands oiseaux apparaissent sur le bateau devenu lui-même oiseau.

SCÈNE 5

Luckasi tue un phoque

*Après la métamorphose de l'Umiak,
on entend la respiration du phoque
et on voit le chasseur du début du
spectacle le harponner et le sortir de
son trou (aglu) en lui livrant un dur
combat.*

VOIX DU CHASSEUR (*chant*)

"ᗧᑦ ᓱᐊᐱᑊ ᐅᐊᒻ ᒥᓇᔅ ᑐᐊᐱᑊ ᐱᑎᑦ ᓱᒍᐊᔅ ᑐᐊᐱᑊ
ᐃᓚᒪᑊ ᑲᓂᑊ ᓂᑎᑊ ᑲᐃᓇᐊᖑᒥ"

Le phoque est bon et généreux.
Il va nourrir toute ma famille.
Le phoque est bon et généreux.
Il va nourrir toute ma famille.

Le chasseur est heureux, il a tué un
phoque. Il chante son bonheur. Son
chant en est un d'action de grâces. Il
rend hommage et remercie le phoque
qu'il vient de tuer pour sa générosité.

*L'air est accompagné de Katadzat
(chant de gorge).*

*Les participants se dirigent vers le
foyer où ils rencontrent l'animateur
(ou l'animatrice) et les autres mem-
bres de la distribution. Des photogra-
phies illustrant des scènes de vie
actuelles et une musique contempo-*

raine Inuit remplacent celles, plus
traditionnelles, que le public avait
trouvées à son arrivée.

FIN

Photos: Paul-Émile Rioux.

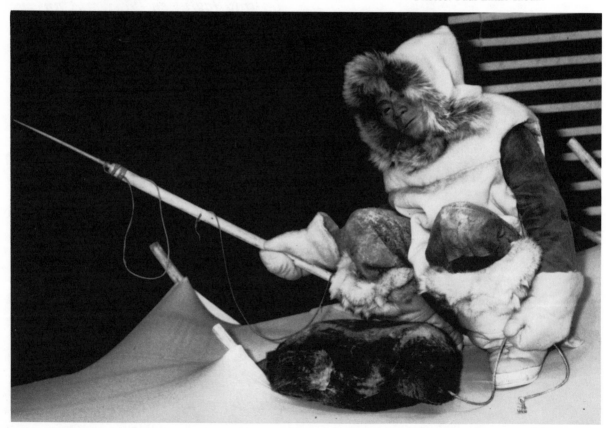

Table des matières

PREMIÈRE PARTIE

1. Le Théâtre de la Marmaille
   à la découverte du peuple Inuit 9
2. Équipe de création et dédicaces 27

DEUXIÈME PARTIE

3. L'UMIAK, un spectacle-animation

PROLOGUE 33

ACTE 1: LUCKASI DANS LA TEMPÊTE
Scène 1: La lampe va s'éteindre 43
Scène 2: Luckasi attaqué par le vent . . 45
Scène 3: Luckasi est en danger 49
Scène 4: La ténacité de Luckasi 53

ACTE 2:
LES RÉMINISCENCES DE LUCKASI
Scène unique: Le chasseur reçoit
un mystérieux présent 61

ACTE 3: LA RÉUSSITE DE LUCKASI
Scène 1: Le rêve 77
Scène 2: La débâcle 83
Scène 3: Qui sera sauvé? 87
Scène 4: La métamorphose 89
Scène 5: Luckasi tue un phoque 93

BIBLIOGRAPHIE

La parole changée en pierre de Bernard Saladin d'Anglure, Éditions Les Cahiers du Patrimoine.

Légendes Inuit de Povungnituk de Numgak et Arima, Éditions du Musée national de l'Homme, les Musées nationaux du Canada.

Contes de mon igloo de Maurice Métayer, Éditions du jour.

CET OUVRAGE
COMPOSÉ EN GARAMOND RÉGULIER CORPS 14 SUR 16
A ÉTÉ ACHEVÉ D'IMPRIMER
LE DIX-NEUF DÉCEMBRE MIL NEUF CENT QUATRE-VINGT-QUATRE
PAR LES TRAVAILLEURS ET TRAVAILLEUSES
DES PRESSES DE L'IMPRIMERIE MARQUIS LIMITÉE
À MONTMAGNY
POUR LE COMPTE DE
VLB ÉDITEUR.

IMPRIMÉ AU QUÉBEC (CANADA)